L'ARMORIAL BRETON
DE GUY LE BORGNE

L'*Armorial Breton*, de Gui Le Borgne, figure au nombre des publications nobiliaires les plus recherchées du XVIIe siècle. En 1861, Guignard le signalait déjà comme excessivement rare (1), et sa valeur depuis n'a fait qu'augmenter. M. de Bergevin vient d'en publier une réimpression ou plutôt un fac-simile (2) ; tirée seulement à 224 exemplaires, elle pourrait bien ne pas tarder à devenir elle-même une rareté.

Né à Tréburden en 1620, Le Borgne mourut en 1670 à Lanneur, où il possédait la charge de Conseiller du Roi et Alloué au siège royal. Son armorial avait paru à Rennes en 1667.

Notre auteur proclame, dans l'Avertissement au lecteur : que la « fausseté n'est pas un moindre

(1) *Bibliothèque héraldique de la France,* n° 2323.

(2) *Armorial Breton de Guy Le Borgne publié à Rennes en 1667. Réimprimé en fac-simile sous la direction et avec un Avant-Propos de M. Edouard de Bergevin.* — Saint-Brieuc. Imprimerie-Librairie-Lithographie René Prud'homme, 1902, In-4°.

crime dans un livre que dans un contrat. » Il a
conformé sa conduite à ses principes. Les com-
missaires à la recherche de 1668 ont sans doute
biffé quelques noms parmi ceux qu'il avait admis,
mais il n'en a pas moins laissé une réputation de
probité trop rare chez les héraldistes.

L'ouvrage est dédié à Mᵍʳ d'Argouges, Premier
Président au Parlement de Bretagne. Celui-ci ap-
partenait à une ancienne famille de Normandie,
qui portait *écartelé d'or et d'azur, à trois quintefeuilles de gueules brochant.* Ces armoiries ont ins-
piré à Le Borgne un singulier commentaire qui
figure dans l'épître dédicatoire : « Dans ce noble
« Ecu tout le monde remarque que vos Armes
« parlent fidellement : L'Ecartelé d'or et d'azur
« qui en compose le Champ fournira de sujet à
« de riches observations ; L'Or, par son poids, et
« sa solidité est le Hyerogliphe de vostre fidélité
« inviolable au service de nostre invincible Mo-
« narque ; L'Azur, le symbole de la pureté de vos
« Sentimens ; la Puissance de ce Roy des Métaux
« à qui peu de chose résiste, nous représente en-
« core que rien n'échappe à la force de vos Con-
« noissances, que dans quelques détours que l'in-
« justice se cache, vous scavez l'aller prendre pour
« la confondre ; La beauté de ce Bleu céleste est la
« figure de cette netteté d'Esprit, dont les Clartez
« penetrent les plus grandes Obscuritez et mettent
« l'Ordre dans les affaires les plus confuses ; et
« enfin ces trois Quintefeuilles de gueulle qu'on
« void sur le tout de vos Armes sont les Marques
« de ce beau feu qui anime vostre zele dans les Fonc-
« tions de tous les Employs importans qui vous sont
« commis, et sont un présage infaillible que tous ces

« grands attributs que vous possédez si eminem-
« ment sont héréditaires à vôtre illustre Famille. »

On trouverait difficilement un plus beau galima-
tias. — Le reste de l'ouvrage vaut heureusement
beaucoup mieux (1).

Une étude sur les caractères de l'héraldique bretonne dépasserait les limites d'un simple article
bibliographique ; nous voudrions toutefois signaler
ici quelques particularités qui frappent, à la lecture
même rapide de l'*Armorial*.

En général, le *vair* proprement dit est beaucoup
plus répandu que le *vairé* d'autres émaux. C'est le
contraire qui se produit en Bretagne, ou du moins
dans les évêchés de Léon et de Tréguier auxquels
se réfère particulièrement Le Borgne. Si on ne tient
compte en effet que des champs, on trouve :

Vair (2) 6
Vairé d'argent et de gueules (3) . .
Vairé d'argent et de sable (4) . . . 4
Vairé d'or et d'azur (5) 3
Vairé d'or et de gueules (6) . . . 2
Vairé d'or et de sable (7) 1

(1) On conserve aux archives du château de Vaumeloisel
un exemplaire de Le Borgne dont les marges ont été couvertes
d'annotations par un anonyme, vers la fin du XVIIᵉ siècle.
Les plus intéressantes de ces notes ont été publiées par le
vicomte du Breil de Pontbriand, *Deux Anciens Armoriaux
Bretons*, Rennes, 1896. in-8ᵒ.

(2) Anger, Baulon, Blossac, Fresnay, Grezillonnaye, Ke-
roullay, la Motte.

(3) Adam, Keranrais, Kermelec, le Roux, Runfaou.

(4) La Coudraye, Goazvennou, Pestivien, Toupin.

(5) Du Bois de la Salle, Kerguisec, Musuillac, Pinieuc.

(6) Carnavalet, Kergorlay.

(7) Bezit.

Quand il s'agit non plus de champs, mais de meubles, le vair reprend son empire ; seul, Kereneec porte *d'azur, au lion vairé d'argent et de gueules*.

Mentionnons encore, au point de vue des émaux, la présence du pourpre dans les armes des Le Bigot, Kerangoumar, Kerouzeré, Traumanoir.

Parmi les pièces héraldiques, il faut signaler la fréquence relative de la croix engrêlée (1) et de la croix pattée (2) ; on sait que la dernière est rare dans tout le reste de la France. La croix cléchée, vidée et pommetée compte un petit nombre d'exemples (3). Il en est de même de la croix gringolée, inconnue dans le reste de la France (4).

Le sautoir (5), surtout le sautoir cantonné (6),

---

(1) Bintin, du Bouchet, Cadoudal, Coetgourheden, Dreol, la Feillée, Fraval, du Gué, Guerlosquet, la Harmoye, Kerriou, le Mintier, Randrecar.

Anast (cant. de 4 étoiles), Chesdanne (au chef chargé de 3 coquilles), le Clers, Kermartin (cant. de 4 alérions) Montfort (cant. de 4 oiseaux).

(2) Une croix pattée : Argentré, Baudoin, Guerguezengor, Partenay, Penguilly, Plessis, Ploegroix, Pratanros, Renault, Robert, Rougé, St Pezeran, Sauvaget.

Une croix pattée chargée d'un croissant : Gourcun (en abîme), Tromelin (en pointe).

Une croix pattée cantonnée de 4 macles : Gonicquet, Kergrosa, Richemont.

Trois croix pattées : Charnaties, Keralbaud, Kercabin., Pratbihan.

(3) Beauvais, Botherel.

(4) Montfort. — L'auteur blasonne Kaer : *de gueules, à une croix ancrée d'hermines*.

(5) Baulon, Boessière, Bois-Horant, Bourgneuf (et canton) Brignac, Carmené, Lezit, le Mignot, Pontantoul, Villegillonart.

(6) Sautoir cantonné de quatre annelets : Keramou ; — de quatre billettes : Langle, Lenouan, Marquis ; — de quatre coquilles : Campion, Chef du Bois, Coadallan ; — de quatre étoiles : Aussonvilliers ; — de quatre fleurs de lys : Lanvi-

ne sont pas rares. Le fretté abonde (1).

La fasce *nouée* paraît être une spécialité de l'héraldique bretonne ; on trouve ordinairement deux fasces nouées accompagnées de huit merlettes en orle(2 ,mais on voit aussi d'autres combinaisons (3).

Les billettes (4) et surtout les macles (5) sont

liéan ; — de quatre merlettes : du Rouvré, Treffilis ; — de quatre molettes : Vars ; — de quatre quintefeuilles : le Segaler ; — de quatre têtes de loup : Lancé.

Sautoir cantonné de trois coquilles et d'un besant : Davaignon ; — de trois quinfeuilles et d'un annelet : Coetquis ; — de trois quintefeuilles et d'une étoile : Coetlestremeur ; — de trois têtes d'éperviers et d'un annelet : Crugot.

(1) Bégaignon, Bois-Riou, Coesmes, Fosselière, Kerguern, Kermeur, Linières, Molant, Montejean, la Motte, du Planteis, Ploret, le Rouge, Saint-Didier, Surgères, Vust.

Fretté et canton : Garec, Hamon, Kerian, Menguy, Perrot, Tremenec.

Fretté et chef : Corre, du Maz, Montmartin, Picault, Saint-Denis.

(2) Gamepin, Goyon, Kerangreon, Matignon, Merdrignac, Yacenou.

(3) La Boessière, Gicquel, Kerinan.

(4) Trois billettes : le Cadre.
Cinq billettes, Villemarre la Ville-Salon.
Sept billettes, Hingant.
Neuf billettes, Hardouinaye.
Dix billettes : Dolou, Kerservant, Keruyzec, Lisle, Moulin, du Perrier, Pontblanc.
Onze billettes, Beaumanoir.
Billettes et bâton : la Ferté (14).
Billettes et canton : Baudouin (19), le Bouloing (9), Lentivy (8), Pouldouran (10)
Billettes et chef : Beauvais (6), Crenan (6), le Nepveu (7).

(5) Une macle : Tréanna.
Trois macles : Bignan, Kerberuet, Kermeno, Lamoureux, Lanilis.
Six macles : Goagueller, Leshernant.
Sept macles : Aradon, Brehand, du Guer, James, Kerdrean, Launay, Molac, la Noe, Pledran, Saint-Eloy,
Neuf macles : Molac, Rohan, le Séneschal.

très portées. Quatre écus ont pour charge unique un lambel (1).

Une main (2) ou trois mains (3) meublent un certain nombre d'écus.

Les lions sont très nombreux ; assez souvent, de petites pièces telles que besants ou tourteaux (4), billettes (5), coquilles (6), fleurs de lys (7), merlettes (8), sèment le champ ou se disposent en orle autour du meuble principal. Le lion *coupé*, très rare en France, compte quatre exemples dans notre armorial (9) ; le lion de sinople paraît y être en proportion beaucoup plus forte que dans les autres régions de notre pays (10).

Parmi les autres animaux, le cerf (11) compte un certain nombre de représentants ; le rencontre de cerf n'est également pas très rare (12). Signalons encore l'épervier qui se rencontre soit seul (13), soit per-

(1) La Motte, Rozou, du Tertre, Trongof.

(2) Carion, Coetoult, Kerestat (accomp. de 3 étoiles), Kergaradec, Kerguelen, Kerrouyant, Marot, la Rivière.

(3) Deslemo, Kerligonan, Kernicot, Mezle, Vendel.

(4) Beaulieu, Treveznou, Villarmois.

(5) Carpont, Coetlosquet, Gazpern, Kervennec, Pastour, Penchoadic, la Roche, Ruffier.

(6) Montigny, Trevecar.

(7) Du Bueil, Gueguen, la Lande, Luily, Martigné.

(8) Garian.

(9) Conen, Espinay, Kerguehenneuc, Vars.

(10) Bertrand, Boterel, Coetandoch, Coetinizan, Duault, Guynan, du Larges, Saint-Mesmin.

(11) Bois-Hanion, Chocan, Floch, Fretay, Nouel, Servon, Thepault, le Val, le Vauvert.

(12) Une rencontre de cerf : Cadier, Carpont, Cornulier, Kercharo, Poulpry, Tertre.

Trois rencontres de cerf : Chasteloger, Coetgonvaz, Lallunec.

(13) Un épervier : l'Epervier, Poënces.

Trois éperviers : Caranlez, Kerleynou, Loz.

ché sur un chicot (1), soit posé sur une main (2).

Les arbres sont relativement nombreux : on en compte cinquante-cinq. Ils se subdivisent comme suit :

Essence indéterminée (3).	16
Pin (4).	17
Chêne (5).	11
Houx (6).	3
Cyprès (7) .	3
Frêne (8).	2
Laurier (9) .	2
Ormeau (10).	1

Neuf d'entre eux sont sommés d'un ou de deux oiseaux (11); sur le fût de huit autres broche un cerf (12), un cygne (13), un lévrier (14) ou un sanglier (15).

(1) Busnel, la Chesnay-Piguelaye.

(2) Coetermoal, Guerbileau, Kerangoumar, Kerbreder Kermoalec, Penanros.

(3) Bois-Yvon, Botglazec, Coetriou, la Forest, Gagende, Guyomar, la Haye, Kerangouez, Kervalanec, Launay, Lescondam, Lezerec, Marzein, Plessis-Mivier, Quityer, le Sec.

(4) Budes, Coetalyo, Coetmal, Coetnevenay, la Coudraye, Davy, Geffroy, Kerboutier, Kergadaran, Kergoet. Kerguern Nicolas, Nouel, Pepin, Richardière, Rougeart, Stephnou.

(5) Bennerven, Despinose, du Gratz, Kerangoumar, Kerfareguin, Kergreach, Kerouara, Millé, Missirien, Plessix, Quelennec.

(6) Guermenguy, le Mendy, la Villéon.

(7) Kercadoret, Kergoet, Rolland.

(8) Le Cat, du Fresne.

(9) Coadic, Laurens.

(10) Bodenan.

(11) Botglazec, Budes, Coetalyo, Gagende, Guyomar, Kerangouez, Kergreach, Kervalance, Richardière.

(12) La Haye, Kergaradan.

(13) Geffroy.

(14) Kerouara, Lezerec.

(15) Bennerven, Kerboutier, Kerfareguin.

La rose (1) et surtout la quintefeuille (2) seules ne sont relativement pas rares. Rosquourel porte *d'or, à la quintefeuille d'azur, traversée d'une flèche de gueules en bande, la pointe en bas.* On trouve un grand nombre de fleurs de lys, par semis (3), par cinq (4), six (5), trois (6) ou à l'état unique (7); dans ce dernier cas, la fleur est généralement accompagnée de deux, trois ou quatre petites pièces, ou encore surmontée d'un oiseau.

La pomme de pin charge également quelques écus (8).

Comme pièces artificielles particulièrement employées, il faut citer l'épée (9) et la ha-

(1) Bruc, la Flesche, Mescam, Pappe.

(2) Le Bault, Le Brun, Coetquelven, Lagadec, Lancelin, Lesmelchen, la Motte, Toulcoet, le Veyer.

(3) Coail (et canton), Paussanges, Traounevez.

(4) Keruzas.

(5) Betton, Foucault, Foucquet, Kerroul, le Porzon, Québriac, Saint-Gilles,

(6) Anger, Aubry, Le Bel, Bois-Glé, Cornilière, Pré, Razilly, Roche-Rousse, Suzlé, Viègues.

(7) Une fleur de lys : Blanchardaye, la Morinière (et canton), Pontplancoet, le Voyer,

Une fleur de lys surmontée d'un oiseau : Coetanlem (chouette), Joson (oiseau), Moguerou (merlette), le Rouge (id.), Sugarde (id).

Une fleur de lys accompagnée de deux macles : Coetanfao, Kerriec ; — de deux épées : Kerambellec.

Une fleur de lys accompagnée de trois coquilles : Keraly, Kerantour, Kerougant ; — de trois poires : Penvern ; — de trois pommes de pin : Penguern ; — de trois roses : Keramlisle.

Une fleur de lys accompagnée de quatre merlettes : Ballineuc ; — de quatre oiseaux : (Crugil).

(8) Trois pommes de pin : Beauregard, Coetqueau, Cremenec, Drouillard, le Duc, Fliminc, Hirgars, Keraudren, Monsterou, Talhouet, Tresiguidy.

(9) Une épée en pal : Ceingof, le Du (accomp. de 2 croissants), Goudelin, Marchecourt (accomp. de 2 bes. en chef)

che (1). L'Armorial mentionne encore quatre exemples d'un meuble fort rare en France, le poignard (2). Citons enfin quelques marmites, figures non moins rares dans notre pays (3).

A la suite de l'Armorial se trouve une *Instruction des termes usitez au blason des Armoiries selon l'ordre alphabétique*. Elle n'offre rien de bien intéressant. Notons seulement que l'auteur regarde comme synonymes les deux expressions *Massacre* et *Rencontre de cerf*.

Louis Bouly de Lesdain.

Menou, Montespil, le Moyne, Queyngof, Salaun (accost. de 3 croissants).

Une épée en bande : Bois-Belin, Boishalbran, le Sparler.

Une épée en barre : le Roz.

Deux épées en sautoir : Bernard, la Haye, la Jandière, (cant. de 4 coquilles) Kersalaun, Marbeuf, la Plesse.

Deux épées accostées : Gigou, Perrien.

Trois épées accostées : Condé (et lambel). Hingant, Kermarquer, Maleville (surm. de 3 besants), Quilifuret.

Trois épées, 2 et 1 : Garmeaux, le Noan, Odet.

Trois épées en bande : Pratmaria, Ragot.

(1) Deux haches adossées : du Bod, Gourio (et chef), Kerasquer, Lannoster (et chef), Mahé (et croissant), le Veyer.

Trois haches : Rouxelot, Tregomar.

(2) Cottel, Danglade, Lorance, Penvern.

(3) La Ballue, Plessix, la Sauldraye.

Vannes. — Imprimerie Lafolye frères.

* 9 7 8 2 0 1 3 0 4 7 0 1 2 *